AF359867

VERS DV BALLET ROYAL DANSÉ

PAR LEVRS MAIESTEZ

entre les Actes de la grande Tragedie

De l'HERCVLE AMOVREVX.

Auec la Traduction du Prologue, & des

Argumens de chaque Acte.

A PARIS,

Par ROBERT BALLARD, seul Imprimeur du Roy
pour la Musique.

M. DC. LXII.

Auec Priuilege de sa Majesté.

(7)

PROLOGVE.

Es premiers Empe-
reurs, furent de Ro-
me , & de l'Italie ; Il
y en eust apres qui ti-
rerent leur Origine
de la Grece & de l'A-
sie , quoy que quel-
ques-vns d'eux euf-
sent pris naissance en Italie : Et ceux là
par l'Election de Nerua établire nt l'vsa-
ge de les choisir dans leur Nation. En-
suitte dequoy M. Vulpius Trajanus en-
uoya regner dans les Prouinces & Royau-
mes de l'obeissance des Romains toutes les grandes Familles de la Grece & de

l'Asie, desquelles (comme d'autant de tes-
tes couronnées) Claudian dit, en parlant
du quatriesme Consulat de l'Empereur
Honorius,

Nec nuper cognita Marti,
V V L P I A *progenies & quæ diademata Mundo*
sparsit. &c.

De l'vne de ces Familles est sortie la Royale Maison de France, qui dans le cours
de la Monarchie Romaine s'est trouuée
vnie de parenté & d'aliance auec plusieurs
& diuerses Familles Imperiales, & à elle
mesme esté plus d'vne fois adoptée à l'Empire, ce qui a fait dire qu'elle estoit née dãs
la Pourpre, & qu'elle auoit eu le Bereeau
des Cesars, ayant joüy de leurs honneurs
& de leurs prérogatiues : d'ou vient que
les plus anciens Roys de France s'appel-
loient Roys d'origine, & prenoient ces
grands Noms de Palladiens, Mineruiens,
& Basiliens, qui sentoient l'Empire & la
gloire de l'adoption. De ce mesme rang
furent ces Familles. La Giulia, l'Octauia

la Cocceie de Nerua, la Vulpia de Trajanus, la Flauia de Vespasianus, la Quinti-
lia, la Vitellia, l'Aurelia, la Constanza, l'A-
mala, la Claudia, la Domitia, l'Annia, ou
Ceionia, la Settimia de Lucius Septimius
Seuerus, la Vipsannia, la Gordiona, la
Calfurnia, &c. dont les sept dernieres ont
porté & soûmis à celle de France des Na-
tions & des Estats qui estoient sous leur
puissance: Et comme elles ont contracté
entre elles diuerses alliances, il semble que
quelques-vnes sont sorties de la mesme
Tige, ce qui se prouue par les authoritez,
les statuës, les vielles inscriptions, les Me-
dailles, les Monnoyes d'or de France con-
frontées aux mysterieux ornemens qui se
voyent encore dans les anciennes Eglises,
& autres vieux edifices de Paris & du
Royaume, qui ont esté bastis sous la
conduite des plus sçauans Hommes de
leur Siecle. Ce que l'on verra plus am-
plement dans cette Royale Genealogie,
composée par le Sieur Camillo Lilij. De

toutes ces Illuſtres Familles, voicy celles qui non ſans raiſon ont eſté choiſies pour repreſenter l'Origine de la Maiſon de France.

<table>
<tr><td>La Giulia.</td><td>La Trajana.</td></tr>
<tr><td>La Claudia.</td><td>La Gordiana.</td></tr>
<tr><td>La Domitia.</td><td>La Calfurnia</td></tr>
<tr><td>La Vipſannia.</td><td>L'Amala.</td></tr>
<tr><td>La Coſtonza ou Flauia.</td><td>La Marina, ou di Caſtino Marino.</td></tr>
<tr><td>La Ceionia ou Ceſonia.</td><td></td></tr>
<tr><td>L'Aurelia.</td><td>La Quintilia.</td></tr>
<tr><td>La Valeria.</td><td>L'Auſtriaca.</td></tr>
</table>

Les idées de ces Familles Imperiales accompagnent la Maiſon de France, & brillent toutes enſemble dans le fonds du premier Ciel, auec l'Amour & l'Hymenée qui les ont vnies. Le Theatre repreſente des Rochers aux deux coſtez, & dans le fonds vne Mer en eſloignement: Diane apres les loüanges deuës à tant de pompe, & à tant de Majeſté, les conuie à deſcendre là, pour y faire honneur aux Nopces Royales, en s'humiliant deuant la Reyne Mere, & rendant à la personne ce qu'on doit à la source, & au principe du Couple Auguste. De là elle ordonne qu'Hercule Amoureux paroisse sur la Scene, comme la Figure du Grand Monarque, pour y estre marié à la BEAVTE', en suite de ses Trauaux & de ses Triomphes. Cette diuine Troupe ayant dansé s'en retourne dans la mesme Machine, cependant que quatorze Fleuues qui arousent les Estats, lesquels ont esté ou sont encore sous la domination de la France, applaudissent aux louanges, à la Paix, & au Mariage, & finissent le Prologue auec l'admiration des Felicitez de ce Grand Estat, arriuées à leur comble par la Naissance de Monseigneur le Dauphin.

PREMIERE ENTRE'E.

LE ROY *representant la Maison de France.*
La Valeur, inseparable de la Maison de France,
representée par le Comte de S. Aignan,
qui suit sa Majesté, & luy dit :

DEs Royales Vertus Grande & noble demeure,
Ie me suis attachée à vous de si bonne heure,
Que dans vos glorieux & penibles explois
I'ay suiuy pas à pas vos jeunes Destinées,
Et c'est pour ce sujet qu'on a dit tant de fois,
La Valeur n'attend pas le nombre des années.

II. ENTRE'E

LE ROY, *la Maison de France.*
LA REINE, *la Maison d'Austriche.*
MONSIEVR, *l'Hymen.* Monsieur le Duc, *l'Amour.*
Mademoiselle.
Mesdemoiselles d'Alençon, & de Valois.
Les Comtesses de Soissons, & d'Armagnac.
Mesdemoiselles de Nemours, & d'Aumale.
Les Duchesses de Luines, de Sully, & de Crequy.
La Comtesse de Guiche.
Mesdemoiselles de Rohan, de Mortemar,
& Des-Autels, toutes representant
des Familles Imperiales.

Pour

POVR LEVRS MAIESTEZ,
representant les Maisons de France,
& d'Austriche.

DEux puissantes Maisons pour qui tout se
    partage,
Les armes à la main s'entre-poussoient à bout,
Mais l'Amour, & l'Hymen ont pacifié tout,
Et de ces deux Maisons ne font plus qu'vn
    Mesnage.

    Leur Eloge se mesle, & l'on prise à tel point
L'Auguste Majesté du nœu qui les assemble,
Qu'on ne sçauroit faillir de les loüer ensemble
Pour ne pas separer ce que le Ciel a joint.

    Maisons, que l'Vniuers a toûjours adorées,
En suitte d'vn lien si charmant & si doux,
Que d'Heureuses Grandeurs vont sortir de chez
    vous,
Et respondre aux Grandeurs qui chez vous sont
    entrées.

B

Des-ja ce beau Dauphin *nous est en arriuant*
Le presage asseuré d'vne longue bonace,
Des ja quoy que de loin, sa Naissance menace
D'vn furieux débris les costes du Leuant.

Il faut que l'Art s'esleue au dessus de ses Regles,
Pour dire de vous deux les charmes acomplis,
L'vne a plus de blancheur que n'en ont tous vos Lys,
L'autre a plus de fierté que n'en ont tous vos Aigles.

Pour MONSIEVR, *representant l'Hymen.*

SAns faire icy contester
La Fable auecque l'Histoire,
Dire qu'Hymen est blond cela ne se peut croire,
Il est fait comme vn Ange, on n'en sçauroit douter,
Mais c'est comme vn bel Ange à cheuelure noire:
Ce doux Charmeur par qui tout le monde est lié,
Luy-mesme à son profit ne s'est pas oublié,
Les Dieux sont ce que nous sommes
Interessez, amoureux,
Et de mesme que les Hommes
Gardent le meilleur pour eux.

Pour Monsieur le Duc, representant l'Amour.

Sorty du plus pur sang des Dieux,
Vous faites parestre en tous lieux
L'authorité que vous y donne
Vostre rang & vostre Personne :
Qui vous refuseroit ses vœux ?
Vous auez des dards & des feux ;
Mais pour gagner vne Maistresse,
Et dans son cœur vous faire iour,
Vous auez la grande jeunesse,
C'est vn des beaux traits de l'Amour.

Pour Mademoiselle, Famille Imperiale.

Vn seul de ses diuins regars
A plus de Majesté que les douze Cesars,
Elle a beaucoup de l'air d'vne fiere Amazone
Qui marche droit au premier Throsne.

C'est l'objet des plus nobles vœux,
Si l'Hymen & l'Amour en estoient crûs tous
deux,
On n'attendroit pas moins de cette Auguste Fille
Qu'vne Imperiale Famille.

Mademoiselle d'Alençon, Famille Imperiale.

*Qu*elle gloire pour une Fille,
Pour la Fortune quels efforts,
Si j'entre dans une Famille,
Esgalle à celle dont ie sors!

Pour Mademoiselle de Valois, Famille Imperiale.

*V*ous égalez les plus belles Personnes
Vous estes née entre mille Couronnes
Dont l'éclat veut que vous le portiez haut,
Et seulement qu'il plaise à la Fortune
Que vous puißiez en auoir encor, une,
Vous en aurez autant qu'il vous en faut.

Pour la Comtesse de Soissons, Famille Imperiale.

*C*Es aymables vainqueurs, vos yeux, ces fiers
  Romains,
Semblent n'en vouloir pas aux vulgaires Hu-
  mains,
Mais des plus esleuez permettre la souffrance,
Et ces grands cheueux noirs, alors qu'ils sont
  épars ;
Ont un air de triomphe, & toute l'apparence
De sçauoir comme il faut enchaisner les Cesars.

Pour la Comtesse d'Armagnac, *Famille Imperiale.*

SI l'Amour qui peut tout sans qu'on y trouue
    à mordre,
De Femmes d'Empereurs vouloit fonder vn Ordre,
Qu'il falut de beaux yeux, vn tein vermeil &
    blanc,
Vne bouche adorable entre les plus parfaites,
Qui vous empescheroit de pretendre à ce rang?
N'auez vous pas des-ja toutes vos preuues faites?

    L'on vous regarde icy joüer vn Personnage,
Où vous eußiez n'aguere excellé dauantage,
Et vous estes moins propre à de pareils emplois
Ayant si-tost repris vostre embonpoint de fille,
Vous estiez d'vne Taille au bout de vos neuf mois
A bien representer le corps d'vne Famille.

Pour Mademoiselle de Nemours, *Famille Imperiale.*

CE grand air cette haute mine
    Prouue quelle est vostre origine :
Mais cette douceur qu'ont vos yeux
Est toute charmante, & respire
Ie ne sçay quoy qui vaut bien mieux
Que la Majesté de l'Empire.

Pour Mademoiselle d'Aumale sa sœur,
Famille Imperiale.

VOs yeux à qui des-ja tant de cœurs appar-
tiennent
N'ont rien des Empereurs ces Tyrans anciens,
Sinon qu'à leur exemple on connoist qu'ils de-
uiennent
Grands Persecuteurs de Chrestiens.

Pour la Duchesse de Luynes, *Famille Imperiale.*

LEs Miracles sont possibles
A cette rare Beauté,
Dans ses yeux doux & terribles
On voit en societé
Deux choses peu compatibles
L'Amour & la Majesté.

Pour la Duchesse de Sully, *Famille Imperiale.*

LEs riches ornemens, les superbes Couronnes
Ajoustent peu de chose à certaines Personnes,
Et ne pouriez-vous pas fort bien regner sans eux?
Vous auez une Taille, & vous auez des Yeux.

Pour la Duchesse de Créquy, Famille Imperiale.

VOus abandonnez donc la Seine pour le Tibre?
Rome va s'enrichir aux despens de Paris?
Elle y perdra pourtant ce qu'elle auoit de libre,
Et se prendra sans doute où le reste s'est pris:
On ne peut s'échapper de cét aymable piege,
Et vous allez remettre auec vostre Beauté
L'Empire dans son premier Siege,
Mais bien plus florissant qu'il n'a jamais esté.

Pour la Comtesse de Guiche, Famille Imperiale.

QVoy que vôtre interest ne soit pas mon affaire,
Laissez-moy vous en dire icy mon sentiment,
Vous estes belle & jeune, aymable infiniment,
Mais vous ne faites pas ce que vous deuez faire.
Representer ainsi la Famille d'vn autre
Qu'à cette fonction d'agreable pour vous?
Et ne vous en déplaise ainsi qu'à vostre Espoux,
Seroit-ce pas mieux fait de commencer la vostre?

Pour Mademoiselle de Rohan, Famille Imperiale.

CEtte Belle à qui rien ne se peut comparer
En sa jeune personne a des graces diuines,
Qui peut y paruenir n'a rien à desirer,
Quelquefois sur le Throsne on est sur des épines,
Qui sera dans son cœur sera plus doucement,
Et ne laissera pas d'estre aussi noblement.

Pour Mademoiselle de Mortemar,
Famille Imperiale.

Dieux ! à quel comble est-elle paruenuë !
Iamais Beauté n'eut des progrez si promts,
Comme elle y va si cela continuë
Ie ne sçay pas ce que nous deuiendrons ;
 L'aymable Fille !
A tous les cœurs elle donne la Loy,
Et pour auoir vne belle Famille,
 Voila dequoy.

Pour Mademoiselle Des-Autels,
Famille Imperiale.

De cette jeune Troupe en Beauté singuliere
On n'a pris que vous seule, & ce chois est
 bien doux ;
Ce n'est pas sans raison qu'on peut dire de vous,
Que vous representez vne Famille entiere.

ARGVMENT.

ARGVMENT

DV PREMIER ACTE.

Es deux coſtez du Theatre ſont des boccages, & l'enfoncement de la Per-ſpectiue eſt vn grand Païſage en é-loignement qui touche au Palais Royal d'Eocalie, ou Hercule paſſionnément épris des beautez d'Yole, ſe plaint de ſa rigueur, & de l'injuſtice de l'Amour. Venus deſcend accompagnée des Graces, excuſe ſon Fils, & promet à Hercule de luy rendre le cœur d'Yole fauorable: Pour cet effet elle ordonne à ce Demy-dieu de ſe rendre dans le Iardin de Fleurs, où elle ſera deuant que le Soleil ſe cou-che, & de faire en ſorte qu'Yole s'y trouue. Iunon, leur commune ennemie, cachée dans vn nuage pour les écouter, ſe diſpoſe à rompre l'effet de leur entrepriſe, & court toute furieuſe vers la Grotte du Sommeil, faiſant ſortir de ce meſme nuage des Foudres & des Tempeſtes, qui forment la troiſieſme Entrée du Ballet, & terminent le premier Acte.

C

III. ENTRE'E.

Des Foudres & des Tempestes.

Messieurs D'heureux, Beauchamp, Raynal,
& Delbrosses. *Foudres.*

Les Sieurs Des-Airs, de Lorge, le Chantre,
& de Gan. *Tempestes.*

Pour les Foudres.

L'Impetuosité de la chaude vapeur
Nous transit & nous charme, on l'admire,
on en tremble,
Et nous doutons encor qu'on puisse tout ensemble
Donner tant de plaisir, & faire tant de peur.

ARGVMENT

DV SECOND ACTE.

LA Scene change en vne grande
cour du Palais d'Eocalie, ou Illus
& Yole s'entretenans de la passion
qu'ils ont l'vn pour l'autre, sont in-
terrompus par l'arriuée d'vn Page qu'Hercule

enuoye à Yolé pour la prier de se trouuer au
Iardin de Fleurs ; ce qui cause vne grande jalousie au pauure Illus, mais il est vn peu r'af-
suré par sa Maistresse , qui est toutefois contrainte d'accepter l'offre d'Hercule, & presse
Illus son fils de vouloir estre de la partie : Ils
partent ensemble pour y aller , & le Page resté
seul s'estonne en luy-mesme, & ne peut com-
prendre ce que c'est que cet Amour, qui fait
tant de bruit dans les Cours , où il est chanté
si souuent. Là dessus arriue Dejanire femme
d'Hercule , suiuie de Lycas qui s'entretient
auec le Page , & ayant tiré de sa bouche par
adresse vne plus particuliere cognoissance des
amours de son Maistre , confirme d'autant plus
Dejanire dans la jalousie qui l'a fait venir en ce
pays , & elle se plaint hautement de l'infideli-
té de son Espoux ; Lycas luy dit assez plaisam-
ment son opinion sur cette matiere , elle luy
demande conseil , & enfin ils resoluent entr'eux
de se tenir encore cachez sous les mesmes ha-
bits de paysans qu'ils auoient pris pour n'estre
point cognus , & d'attendre le temps de se dé-
couurir bien à propos. La Scene estant changée en la Grotte du Sommeil, où par l'ordre de
Pasithée sa femme il se fait vn petit Concert
de Zephirs & de Ruisseaux , pour entretenir

son assoupissement, Iunon paroist qui la prie de trouuer bon qu'elle emmene le Sommeil pour vn peu de temps, & qu'il ne court point fortune en cette occasion de desplaire à Iupiter. Ce qui luy estant accordé elle l'emporte dans son Char. Les Songes estendus & gisans dans la Grotte, se releuent & font la quatriesme Entrée du Ballet, & la fin du second Acte.

IV. ENTRE'E.

Des Songes.

Le Cheualier de Fourbin. Messieurs Villedieu, & D'heureux. Les Sieurs Beauchamp, Don, Desbrosses, le Chantre, de Lorge, du Pron, de Gan, Mercier, & la Piere. *Songes.*

Pour les Songes.

BElles illusions, agreables mensonges,
Combien de vrais plaisirs nous causez vous
icy?

L'on dit qu'il ne faut pas s'arrester à des Songes;
Le moyen de ne pas s'arrester à ceux-cy?

ARGVMENT
DV III. ACTE.

E Theatre n'est plus qu'vn Iardin de Fleurs, Venus descenduë du Ciel dans son Char y trouue Hercule, & par le moyen de la baguette qu'elle a prise à Circé, elle fait sortir de terre vn siege d'herbes & de fleurs enchantées, & se retire. Yole paroist, Hercule la conuie de s'asseoir sur ce siege, elle obeit, & n'y est pas si-tost qu'elle est contrainte, non sans estonnement, de luy auouër qu'elle a pour luy beaucoup d'inclination : Illus frappé de ce discours ne peut retenir sa douleur, ce qui confirme dans le Pere le soupçon que le Page luy auoit des-ja donné, que son propre Fils estoit son Riual. Hercule le chasse, & demeure seul auec Yole, qui forcée par l'enchantement luy declare que non seulement elle l'ayme, mais qu'elle est toute preste à l'espouser, pourueu qu'elle en ait la permission de l'Ombre de son pere Eutyre, qu'elle veut appaiser par ses prieres. Iunon paroist en l'air auecque le Sommeil,

C iij

qui par ses ordres ayant endormy Hercule, donne lieu à la Deesse d'auertir Yole de la tromperie, & apres luy auoir osté cette impression magique par l'odeur de quelques herbes, elle luy jette vn poignard, & l'exhorte à vanger la mort de son pere sur la vie d'Hercule endormy. Yole r'entrée en elle-mesme, & reuenuë à ses premiers sentimens prend l'occasion, & comme elle est sur le point de tuër Hercule, elle en est empeschée par son cher Illus qui luy retient le bras, & que Iunon auoit fait cacher pour estre tesmoin de ce qui se passeroit entre Yole & son Pere, lequel estant soudain resueillé par le soin de Mercure, que Venus auoit employé à cela, & voyant encore dans la main de son Fils le poignard qu'il auoit osté à Yole, va s'imaginer qu'il n'est en cette posture que pour l'assassiner, & tout furieux il conclut sa mort, sans escouter les justifications d'Illus, ny les protestations d'Yole, encore moins les larmes de sa femme suruenuë assez mal à propos pour rendre plus visible le mespris qu'il faisoit d'elle. Yole voyant la vie de son Amant en danger, croit ne pouuoir prendre vn meilleur party que de promettre à Hercule de l'aymer, pourueu qu'il pardonne à son Fils; cette esperance le retient, cependant il veut que Dejanire s'en re-

tourne & en attendant vn plus grand esclaircis-
sement il commande à son Fils de s'aller mettre
luy-mesme dans vne Tour qui est sur la Mer. En
suite de ces cruels ordres, il sort auec Yole &
laisse la Mere & le Fils qui déplorent leur mau-
uaise Fortune, & se plaignent de leur doulou-
reuse separation. Le Page & Lycas se disent
adieu, & l'vn aprend à l'autre vne Chanson contre l'Amour qui est cause de tant de desordres.
Les Esprits qui se trouuoient vn peu resserrez
dans le siege enchanté, tesmoignent la joye
qu'ils ont de se voir libres, & entrans dans les
Statuës du Iardin, les animent & font la cin-
quiesme Entrée du Ballet, & la conclusion du
troisiesme Acte.

V. Entrée.

Des Statuës.

Le Marquis de Rassan. Monsieur Coquet, Messieurs
Bruneau, Langlois, Tartas, Lambert, & L'Amy. Les
Sieurs Iolly les deux Des-Airs, le Noble, Noblet,
Proüaire, Des Rideaux, Des Airs le petit, & le
Grais. *Statuës*

Pour les Statuës.

LEs choses de ce monde estant bien debatuës,
Cecy tesmoigne assez que chacune a son tems,
Les Gens sont quelquefois ainsi que des Statuës,
Les Statuës par fois sont ainsi que des Gens.

ARGVMENT

DV IV. ACTE.

LA Scene est changée en vne Mer, au bord de laquelle on void quantité de Tours sur des écueils & sur des Rochers, & dans l'vne se trouue Illus prisonnier, qui se plaint de sa jalousie. Le Page arriue dans vne Barque, & luy presente vne Lettre de la part d'Yole, par laquelle elle s'excuse enuers luy de la dure necessité qui la force d'espouser le Pere, pour sauuer la vie au Fils : Illus, bien plus malheureux par ce remede qu'il ne l'estoit par son propre mal, presse le Page de s'en retourner en diligence, & de luy dire qu'elle n'espouse point Hercule, & qu'il ne luy peut arriuer rien de pis que ce Mariage

riage. Vne Tempeste s'esleue, abysme le Page,
& la Barque, ce qui est cause qu'Illus se precipi-
te de desespoir. Iunon paroist sur vn Throsne,
& prie Neptune de le sauuer, en quoy la Deesse
estant obeye à point nommé elle reçoit ce jeune
Homme à ses pieds, le console par l'esperance
d'vne meilleure destinée, & l'ayant laissé sur le
riuage s'en retourne au Ciel, & commande aux
Zephirs de celebrer la victoire qu'elle vient de
remporter sur la Deesse Venus, ce qu'ils font
par vne Danse dans la mesme Machine.

VI. ENTRE'E.

Des Zephirs.

Le Comte de Marsan.　　Le Baron de Gentilly,
Messieurs Hesselin fils, Sanguin fils, d'Aligre fils,
Et le Sieur Letan. *Zephirs.*

Le Comte de Marsan, *Zephir.*

IL me déplaist assez de n'estre qu'vn Zephir,
Et de ne pouuoir pas encore à mon plaisir
Déraciner vn Arbre, & le coucher par terre,
Abatre de mon souffle & tours & pauillons,
Renuerser comme épis les plus gros bataillons,
Helas ! moy qui me sens si propre pour la guerre
La feray-je long-temps encore aux Papillons ?

D

Pour le Baron de Gentilly, *Zephyr.*

L'On me verra bien-toſt pouſſer de vrais ſoûpirs,
Et n'eſtre plus du rang de ces petits Zephyrs
Dont la pluſpart ne font encore
Que badiner auecque Flore.

Pour Monſieur Heſſelin fils, *Zephir.*

DEſ-ja mon petit murmure
Fait treembler plus d'vne fleur,
Ieſpere ſi le temps dure
Eſtre en aſteZ bonne odeur.

Pour Monſieur Sanguin fils. *Zephyr.*

VN Zephir eſt mal propre aux nauigations,
Mais quel vent je ſeray ſi je tiens de mes Pe-
Qui de la grande Mer des conuerſations [res
Sont les vniques vents inceſſament contraires,
Ils vont par vn chemin des autres different,
Et ne ſe laiſſent pas emporter au torrent.

Pour Monſieur D'Aligre fils, *Zephyr.*

IL ſeroit bien difficille
De le prendre par le bec,
Ie le donne au plus habille,
Et c'eſt vn petit vent Grec.

L'A Scene change en vn bois de Cypres plain
de Sepulchres de Rois, où Dejanire defefpe-
rée vient pour s'enterrer toute viue : Mais en
eftant empefchée par Lycas, elle y void auffi en-
trer Yole enuironnée d'vne Troupe de Sacrifi-
cateurs & de Demoifelles, qui l'affiftent pour le
Sacrifice qu'elle veut faire deuant le Tombeau
de fon pere Eutyre, afin d'obliger fes Manes à
luy permettre d'efpoufer Hercule. L'Ombre
fort des ruines du Tombeau, & luy fait de fan-
glans réproches de ce qu'elle veut eftre la femme de fon Meurtrier. Dejanire qui entend par-
ler de fon Mary & defon Fils, fe meffe dans la
conuerfation , & leur aprenant comme Illus
vient d'eftre noyé, l'Ombre en tire vne nouuelle raifon pour diffuader ce Mariage à fa fille, qui
ne le faifoit que pour luy fauuer la vie, & puis
retombe aux Enfers en murmurant , & apres
auoir menacé Hercule de fe joindre pour fa per-
te à tous ceux qu'il auoit maffacrez. Yole ne
voulant pas moins mourir que Dejanire, toutes
deux ne reçoiuent de confolation que par l'ef-
perance que Lycas leur donne de deliurer Hercule de fa paffion par le moyen de la chemife du
Centaure Neffus. Elles fe retirent auec luy, &
il ne demeure que les Demoifelles qui dans l'ef-
pouuante que leur caufent quatre Fantofmes

qui leur apparoissent , composent la septiesme
Entrée du Ballet, & ferment le quatriesme Acte.

VIJ. ENTRE'E.

Des Fantosmes & Demoiselles.

Messieurs du Moustier, la Marre , Mahieu, Grenerin,
Chicaneau, Desonets, du Feu, Manseau, Bureau,
Des-Airs le petit, Cordesse, & Arnal.
Fantosmes & Demoiselles.

Pour les Fantosmes & Demoiselles.

METteꝛ-moy d'vn costé quatre Spectres d'Enfer
De l'autre nombre égal d'antiques Demoi-
    selles
De celles que l'on croit faites par Lucifer
Pour la damnation des Jeunes & des Belles,
Ioigneꝛ-bien ce Troupeau dont je vous fais le
    plan ;
Ie le donne au plus fin qui soit dans le Royaume
De pouuoir demesler en l'espace d'vn an
Quelle est la Demoiselle, ou quel est le Fantosme.

ARGVMENT
DV V. ACTE.

L'Enfer paroist „& l'on y void l'Ombre du grand Eutyre auec celles des autres Rois & Princes tombez sous les armes d'Hercule, qui conspirent toutes ensemble, comme autant de Furies à le faire mourir de rage & de douleur. Pluton sur le point de se voir vangé d'Hercule, qui a porté ses conquestes jusques aux Enfers, en témoigne sa joye par vne dance qu'il fait auec Proserpine.

VIII. ENTRE'E.

Pluton & Proserpine, auec douze Furies.

LEROY, *representant Pluton.*

Raynal, *representant Proserpine.*

Pour LE ROY, repreſentant Pluton.

QV'à ſon gré le Soleil regne ſur l'Hemiſphere,
Vous ne l'enuiez point, & la grande Clarté
Quoy que l'on ne ſoit pas reſolu de mal faire
Ne laiſſe pas d'auoir ſon incommodité :
Chacun dans ces bas lieux ſent ſon mal qu'il expoſe
Seulement aux regars de celle qui le cauſe,
On ſoûpire en ſecret dans vos ſombres Eſtas,
Et la flame qui bruſle au moins n'éclaire pas.

Les Demons vos ſujets endurent mille peines,
Car outre l'Intereſt, outre l'Ambition,
Amour leur fait ſentir ſes rigueurs inhumaines,
C'eſt vne imperieuſe, & forte paſſion,
Tous en ſont agitez d'vne terrible ſorte :
De s'enquerir comment le Monarque ſe porte
Parmy de ſi grands maux, & ſi contagieux,
La curioſité n'en apartient qu'aux Dieux.

LA Scene change encore, & repreſente vn
Portique des deux coſtez, & en perſpecti-
ue le Temple de Iunon Pronube. Là Hercule
vient pour eſpouſer Yole, de la main de laquelle
il reçoit la fatale Chemiſe du Centaure, &
l'ayant veſtuë comme vne Robe de Nopce, il
entre auſſi-toſt dans vne telle fureur qu'il ſort

pour s'aller jetter dans le feu du sacrifice ; Mais
Iupiter l'ayant transporté dans le Ciel , & luy
ayant fait espouser la BEAVTE', Iunon des-
cend , & par cette nouuelle donne vne grande
joye aux deux jeunes Amans qu'elle marie sur le
champ. En mesme temps toutes les Spheres,
& leurs diuerses influances jointes à vn Chœur
d'Estoilles font vne dance qui n'est pas moins à
la gloire du Mariage de leurs Majestez, que de
celuy d'Hercule, qui n'est que la figure de l'autre, & toutes ensemble composent dix Entrées ,
d'vn Ballet par où finit cette Tragedie.

Planettes & Influances.

Mars.	*Capitaines.*
La Lune.	*Pelerins.*
Mercure.	*Charlatans.*
Iupiter.	*Monarques.*
Venus.	*Plaisirs.*
Saturne.	*Enchantemens.*
Soleil.	*Les 24. Heures.*
	Estoilles.

IX. ENTRE'E.

Mars, suiuy d'Alexandre, Iules Cesar, Marc-Antoine,
Pompée, & autres grands Capitaines
de l'antiquité.

LE ROY, *representant Mars.*

Monsieur le Prince, *representant Alexandre*
Monsieur le Comte de S. Aignan, *representant Cesar.*
Le Marquis de Rassan, *representant*
Marc-Anthoine.

Monsieur Bontemps, ou M. S. Fré. Messieurs Verpré,
Langlois, & Bruneau. Les Sieurs Des Airs,
Raynal, & le Noble Capitaines.

Monsieur Coquet. Messieurs Beauchamp, D'heureux,
& Desbossés, *Enseignes.*

Pour LE ROY, *representant le Dieu*
Mars.

Donc la guerre estant finie,
Loin d'estre les bras croisez
A des Traueaux oposez
Mars aplique son genie;
Donc il met les armes bas,
Et ne se repose pas
Quand ses mains de sang sont nettes,
Mais dans un calme si doux
Assis entre les Planettes
Il regne & veille sur nous.

Le Bon

Le Bon-heur en abondance
Par luy nous sera versé
De son Ciel où l'a placé
L'Eternelle Providence :
C'est là qu'il sçait présider,
Et qu'on luy voit décider
Des fortunes de la Terre,
Nul n'est paruenu si haut,
Il est le Dieu de la Guerre,
Et gouuerne comme il faut.

Venus aymable & charmante
Le domte sans l'affoiblir,
L'occupe sans le remplir
Soit presente, soit absente :
Plutost émeu que troublé
Son cœur n'est point acablé
Sous vne indigne victoire,
Et mettant ses fers au jour
Il n'oste point à sa gloire
Ce qu'il donne à son Amour.

E

Pour Monsieur le Prince, representant
Alexandre,

ALexandre est cognu pour vn grand Capitaine,
De cette verité l'Histoire est toute plaine,
Dés sa grande jeunesse enfin sans contredit
Dans le Monde il a fait ce que le Monde en dit,
Cent belles actions d'immortelle memoire
Comme à toute la terre ont pû luy faire croire
Qu'elles ne partoient pas d'vne mortelle main,
Examinant son cœur il s'est crû plus qu'humain,
Mais côme on se réueille à la fin d'vn long somme,
Prenant garde à son sang il ne s'est crû qu'vn
        Homme,
Et depuis Iupiter n'a point veu sous les Cieux
De Zele plus soûmis, ny plus religieux.
Ce n'est qu'vn Homme enfin, mais vn Homme ad-
        mirable,
Il ne s'en verra point qui luy soit comparable,
Personne au champ de Mars iamais si loin n'alla.
Mais n'en disons pas plus, & demeurons-en là,
Abregeons des discours fleuris comme les nostres,
Ces Braues ont leur foible aussi bien que les autres,
En quelque si haut point que sa Gloire l'ait mis,
Luy qui seul tiendroit bon contre cent ennemis,
Fiez-vous-en à moy, quelque mine qu'il fasse
Il ne soustiendroit pas vne loüange en face.

Iules Cesar representé par le Comte de S. Aignan.

Avx Dames.

Par tout mes ennemis ont monstré les espaules,
Ie me suis signalé dans la guerre des Gaules,
Ce Theatre fameux de tant d'exploits hardis :
Faire des improntus fût ma noble coustume,
Tantost par mon espée, & tantost par ma plume,
On parle de mes faits, on parle de mes dits.

Il n'est difficulté que mon bras n'ait franchie
Pour monstrer à quel point j'aymois la Monar-
    chie
Dont selon mon pouuoir j'ay rehaussé l'esclat :
A tous les ennemis de la grandeur Royale
De bon cœur je souhaite vne rencontre égale
A ce qui m'ariua jadis dans le Senat.

Vostre force n'est pas vne force commune,
Beaux yeux qui rappelez Cesar & sa Fortune,
Afin de les mener derriere vostre Char :
Personne de si loin n'est venu pour vous plaire,
Cette peine vaut bien quelque petit salaire,
Et comme vous sçauez il faut rendre à Cesar.

Le Marquis de Raſſan, repreſentant
Marc-Anthoine.

ICy je repreſente
Vn Romain qui à la fin ſon malheur mit à bout
Qui voudra l'imiter il eſt bon qu'il s'exemte
Du deſſein de vouloir le copier en tout ;
Ce fût vn noble cœur, vne Ame grande & haute
Qui tomba neantmoins dans vne lourde faute :
Sa faute luy couſta ſon Empire & le iour,
Luy couſta ſon honneur qui vaut mieux qu'vn
    Empire,
Luy couſta plus encor, luy couſta ſon Amour,
    Et cela c'eſt tout dire.

X. ENTREE

Influences de la Lune, & Pellerins.

Mademoiſelle Girault, repreſentant la Lune.
Pelerins. Meſſieurs Coquet & Villedieu. Le Sieur Don,
Lambert, Baltazard, le Conte, Noblet,
Bonard, Mercier, & la Pierre.

Pour les Pelerins
AVX DAMES

NOus auons fait un vœu d'aller par tout le
    monde
Publier qu'il n'est rien de comparable à Vous,
Sur cet vnique point le voyage se fonde,
Et des-ja pour partir nous nous preparons tous:
C'est à vous de songer à nostre subsistance,
Et mesme il ne faut pas y songer pour vn peu,
Car si vous refusez d'en faire la despence,
Adieu le Pelerin, le Bourdon, & le Vœu.

XI. ENTRE'E.

Influances de Mercure, & Charlatans.

Mercure seul, representé par Monsieur Beauchamp,
Les Charlatans. Messieurs Parque, Chamois, Bourcier,
Doliuet, Cheuillard, Mahieu, du Moustier,
Lerambert, le Chantre, Guignar, Picot, de Lalun,
Desonets, du Breüil, Vagnac, Paysan, Cordesse.

Pour les Charlatans.

DAns vn Siecle comme le nostre
    Il ne se fait plus rien qui ne serue auiourd'huy,
Quand vn homme est vn sot, si c'est tant pis pour
    luy,
Du moins c'est tant mieux pour quelqu'autre.

E iij

XII. ENTRE'E.

Influances de Iupiter, accompagné de quatre Monarques, & de quatre Nations.

Le Duc de Guiſe , *Iupiter.*
Le Cheualier de Fourbin, *Auguſte.*   Monſieur
Beauchamp, *Annibal.* Monſieur d'Heureux.
Philippes. & le Sieur Raynal , *Cyrus.*
Monſieur de l'Hery , les Sieurs Des-Airs, de Lorge,
Des-Broſſes.   *Grecs.*
Meſſieurs du Iour , & Villedieu , les Sieurs
de Gan, & le Noble. *Romains.*
Les Sieurs de la Marre , Don , Du Pron,
& Noblet.   *Perſans.*
Monſieur Souuille. Les Sieurs du For , le Chantre,
& Chicanneau. *Affriquains*

Le Duc de Guiſe, *repreſentant Iupiter.*

MAlgré le rang que je tiens
Mon cœur eſt das les liens,
l'aymis les Geans en poudre,
La Beauté toute ſeule a pû m'aſſujettir,
Et mon Aigle ny ma foudre
Ne m'en ont ſçeu guarentir.

XIII. ENTRE'E.

Venus & les Plaisirs.

CONCERT DE VENVS
& des Plaisirs.

Les Plaisirs.

VOus, qui des seuls thresors comblez tous vos
     desirs,
L'auare faim de l'or peut bien estre assouuie,
    Mais sans les vrays Plaisirs,
    Qu'est-ce que de la vie?

Recit de Venus chanté par Mademoiselle Hilaire.

    Plaisirs, venez en foule.
Vous qui sçauez si bien rendre les cœurs contens,
    Le bel âge s'écoule,
Et vous passez aussi de mesme que le Temps.
Acompagnez touiours le Royal Hymenée,
Vous estes faits pour luy, comme il est fait pour
    vous.
Gardez bien la chaleur qu'Amour vous a donnée,
Et pour estre permis n'en soyez pas moins doux.

Les Plaisirs.

Vous que tient la Fortune au rang de ses martyrs,
Elle peut vous payer quand vous l'auez suiuie,
Mais sans, &c.

Venus continuë.

Pourquoy faire des crimes
Quand on peut autrement soulager ses desirs?
Les plaisirs legitimes
Enfin vont l'emporter sur les autres Plaisirs.
Accompagnez, &c.

Les Plaisirs.

Vous qui faites l'amour, vous pouuez en soûpirs
Passer vos plus beaux iours, s'il vous en prend
enuie.

Mais sans, &c.

Monsieur le Duc, le Prince de Loraine,
Les Comtes d'Armagnac, de Guiche, & de Sery.
Les Marquis de Genlis, de Mirepoix,
de Villeroy, & de Rassan.
Monsieur Coquet. *Les Plaisirs.*

Monsieur le Duc, *vn des Plaisirs.*

Bien que dans les Plaisirs s'enrole ma jeunesse,
Elle & mon cœur iroient à des emplois meil-
Il est formé d'vn Sang ennemy de molesse,   (leurs,
Et ie les sens tous deux qui m'appellent ailleurs

Pour

Pour le Prince de Lorraine, vn des Plaiſirs.

Avx Dames.

SExe charmant, voicy bien voſtre affaire,
  Et ſupoſé que le Plaiſir
  Soit vne choſe neceſſaire,
  Vous ne ſçauriez pas mieux choiſir.
  Mais n'allez pas d'vn air farouche
  Dire que vous n'en voulez point,
  Et niaiſement ſur ce point
  En faire la petite bouche :
  Le plaiſir ayde à la ſanté,
  La ſanté fait qu'on eſt plus belle,
  Et n'eſt-ce rien que la beauté ?
  A voſtre auis, que feriez-vous ſans elle ?

Le Comte d'Armagnac, vn des Plaiſirs.

LEs autres à leur gré feront cent & cent tours,
  Ce n'eſt pas trop pour eux d'auoir toute vne
    Ville,
Ie me contente à moins, & veux eſtre toûiours
Le Plaiſir d'vne ſeule, & le Deſir de mille.

Pour le Comte de Guiche, vn des Plaiſirs.

ICy tous les Plaiſirs ſont ramaſſez enſemble,
La Nature qui fait les choſes auec pois
En vn meſme ſuiet les a tous mis ce ſemble
Afin de les pouuoir donner tous à la fois.

Ils y sont tous, & Telle auec vn air modeste
Pretend que sa Vertu soit vn de ses apas,
Qui dans ce seul Plaisir que vous voyez si leste,
Les a tous rencontrez & ne s'en vante pas.

Le Comte de Sery, vn des Plaisirs.

Mieux que personne, au fond de mon desir
Ie sens combien la double peine est grande,
Soit quand il faut attendre le plaisir,
Soit quand il faut que le Plaisir attende.

Pour le Marquis de Genlis, vn des Plaisirs.

Lequel de nos cinq sens pouuez vous delecter?
Ce n'est pas nostre Oüye à vous ouïr chanter,
Pour le Goust, il faudroit vne faim effroyable
A qui vous mãgeroit estant dur comme vn Diable,
Quant à l'Atouchement, nous serions empeschez
A démesler icy les cœurs que vous touchez;
L'Odorat est subtil, mais aucun ne soupçonne
Qu'en ce point vous soyez incommode à personne,
On ne peut là-dessus vous accuser de rien:
Ha! ie l'ay deuiné c'est que vous dancez bien,
Et qu'ayant de beauté la face dépourueuë
Vous ne laissez pas d'estre vn Plaisir pour la veuë.

Le Marquis de Mirepoix, vn des Plaisirs.

ENcore que je sois d'vn climat peu discret,
I'ayme à ne dire mot de ma bonne fortune,
Et si je suis jamais le plaisir de quelqu'vne
    Ie seray son Plaisir secret.

Au Marquis de Villeroy, vn des Plaisirs.

LA Troupe des plaisirs estoit presque passée,
  Alors qu'vn jeune Objet, aymable, tendre
      & doux,
Comme j'auois sur vous les yeux & la pensée,
Me vint dire à l'oreille, en me parlant de vous,
Il est asseurément le plus ioly de tous,
Et c'est en sa faueur que mon ame decide;
Mais fiez-vous à moy, me dit-elle entre-nous,
Ce n'est pas vn Plaisir extremement solide.

Le Marquis de Rassan, vn des Plaisirs.

BElle & charmante inhumaine,
  Seul objet de mon desir,
  Comme vous estes ma peine,
  Que je sois vostre Plaisir.

Monsieur Coquet, vn des Plaisirs.

AVX DAMES.

A Iuger sainement icy de nostre dance,
Les Autres ne vont point du bel air dont
  ie vays.
Que chacune de vous dise ce qu'elle en pense,
Le dernier des Plaisirs n'est pas le plus mauuais.

XIV. ENTRE'E.

Influances de Saturne, qui produit plusieurs Enchantemens.

Monsieur Villedieu, Les Sieurs Baltazard, Noblet,
Don, Laleu, le Conte, Cordesse, Desonets
Arnal, Mercier, le Noble, & Bonard.

Pour des Enchantemens.

D E tant d'Enchantemens dont le monde est
  charmé,
A mon gré le plus grand & le plus ordinaire,
C'est de pouuoir aymer quand on n'est point aymé,
Et de suiure toûjours la Cour sans y rien faire.

Influances du Soleil, accompagnée des
24. Heures, de l'Aurore, &
des Estoilles.

XV. ENTRE'E.

Les douzes Heures de la Nuict.

Le Comte d'Armagnac. Le Cheuallier de Fourbin
Messieurs Coquet, de Sonuille, & de l'Hery.
Messieurs Beauchamp, d'Heureux, de Lorge, de Gan,
Des-Brosses, du Pron, & Des-Airs le cadet.

Heures de la Nuict.

Pour le Comte d'Armagnac, *representant*
vne Heure de la Nuict.

VNe *jeune-Beauté qui n'a point de seconde,*
En vous seule a borné tous ses contentemens,
Et vous estes l'Heure du monde
Qui passez les plus doux momens.

F iij

XVI. Entrée.

L'Aurore.

Representée par Mademoiselle de Verpré

XVII. Entrée

Le Soleil & les douze Heures du Iour.

LE ROY. *Le Soleil.*

Monsieur le Duc.   Le Comte de Saint Aignan,
Le Comte de Guiche.
Les Marquis de Genlis, & de Raffan.
Monsieur Bontemps ou M. S Fré, Messieurs Verpré,
Bruneau, & Langlois. Les Sieurs Noblet,
Raynal, & la Pierre. *Heures du Iour.*

Pour LE ROY, *representant le Soleil.*

CEt Astre à son Autheur ne ressemble pas mal,
Et si l'on ne craignoit de passer pour impie,
L'on pourroit adorer cette belle Copie
Tant elle aproche prés de son Original.

Ses Rayons ont de luy le nüage écarté,
Et quiconque à present ne voit point son visage,
S'en prend mal-à-propos au prétendu nüage
Au lieu d'en acuser l'excés de sa clarté.

N'est-on pas trop heureux qu'il fasse son mestier
Dans ce Char lumineux où rien que luy n'a place,
Mené si seurement, & de si bonne grace
Par un si difficile & si rude sentier?

Des secrets Phaëtons les grands & vastes soins
Pouroient bien s'atirer la foudre & le nauffrage,
Si pour la chose mesme il faut tant de courage,
Pour la seule pensée il n'en faut guére moins.

Voyant plus par ses yeux que par les yeux
d'Autruy,
Il empeschera bien ces petits feux de luire,
Par sa propre lumiere il songe à se conduire
Tout brillant des clartez qui s'échapent de luy.

Mais qu'il est dangereux pour ces tendres Beau-
On ne l'évite pas bien que l'on s'en recule,   (tez,
Et s'il faut une fois qu'il hasle ce qu'il brusle,
Que de Teints délicats vont en estre gastez!

Monsieur le Duc, representant vne Heure.

SI venant à sonner, je fais autant de bruit
  Que l'Heure qui m'a precedée,
Quelle gloire pour moy, pour les autres quel fruit,
Ie ne sçaurois choisir vne plus noble idée;
Il faut acheminer ce que j'ay de momens
  A d'aussi beaux éuenemens
Dont l'éclat bien auant dans l'auenir demeure
Et remplir tous les Temps de l'ouurage d'vne
Heure.

Pour le Comte de S. Aïgnan, representant vne Heure.

DEs Heures il en est de plaisir & d'affaire,
  Celle dont il s'agit est vne Heure à tout fai-
Le Soleil qui les fit toutes ce qu'elles sont,   (re,
Y void je ne sçay quoy de brillant & de prompt,
Et sur ses ennemis au point qu'elle en atrape
  L'Heure frape.

  Mais est-il question de changer de maniere,
D'en prendre vne plus douce au lieu d'vne plus
  fiere,
Pour celebrer son Nom de bouche ou par écrit,
Et faut-il galamment payer de son esprit
Apres auoir ailleurs payé de sa personne?
  L'Heure sonne.

Pour le Comte de Guiche, *vne Heure.*

D Ans la Communauté des Belles,
Ce n'est pas tout d'estre auec elles
L'Heure de recreation;
Pour conserner leur bien-veillance
Il faut que par discretion
Vous soyez l'Heure du Silence.

Pour le Marquis de Genlis. *vne Heure.*

L A belle Heure du jour sans doute la voila,
Si ce n'est la plus belle aumoins c'est la meil-
leure,
On dit communement que l'Amour a son Heure,
Mais je douterois fort que ce fut celle-là.

G

XVIII. ET DERNIERE ENTRE'E.

Des Etoilles.

Mademoiselle de Touffi , Mademoiselle de Brancas , Mademoiselle de Bailleul, Mesdemoiselles de Barnouuille , de Borglia , de Vaure , de Plabiſſon , de Hargenlieu , de Certe , du Mouſſeaux , d'Arnouuille , de Saugé , Mignon , Longuet , Milet , & Ribera.

Pour Mademoiselle Mancini , *qui deuoit repreſenter vne Etoille.*

CHacun dans ſon eſtat a ſa melancolie,
Ne cachez point la voſtre, elle eſt viſible à tous,
Eſtre Etoille pourtant c'eſt vn Poſte aſſez doux,
Et la condition me ſemble fort jolie :
Vous la deuiez garder, ce gouſt trop delicat
A voſtre feu ſi vif & ſi remply d'éclat
Meſle quelque fumée, & ſert comme d'obſtacle,
Les Etoilles vos Sœurs vous diront qu'autre-fois
Vne Etoille a ſuffy pour produire vn miracle,
Et pour faire bien voir du païs à des Rois.

Pour Mademoiſelle de Touſſy, *Etoille.*

Diroit-on pas que c'eſt Amour
Qui ne fait encor que de naiſtre,
Où l'Etoille du point du jour
Qui déja commence à pareſtre?

Mademoiſelle de Brancas, *Etoille.*

Les Etoilles le jour ne ſe laiſſent pas voir,
Leur tems de ſe monſtrer eſt toujours vers
le ſoir,
Ce qui de leur éclat peut cauſer de grands doutes:
Mais mon Teint deuient plus hardy,
Et deuant qu'il ſoit peu je feray voir à toutes
Les Etoilles en plain Midy.

Pour Mademoiſelle de Bailleul, *Etoille.*

Dans la ſuite bien-heureuſe
De vos beaux & jeunes ans,
Vous ſerez pour quelque Gens
Vne Etoille dangereuſe.

G ij

Pour toutes les Etoilles.

LE Ciel ne fut jamais en l'estat qu'il se treuue,
L'on diroit qu'il a mis vne parurë neuue,
De tous ces petits Feux l'éclat est pur & fin,
Et la Nuit aura beau tendre ses sombres voiles
On ne laissera pas de faire du chemin
Auecque la pluspart de ces jeunes Etoilles.

F I N.